BONNES ÉTRENNES

A

LA FRANCE,

GRAND

CHANGEMENT DE DOMICILE

DES

MINISTRES.

PRIX : 30 CENTIMES.

A PARIS,

LES MARCHANDS DE NOUVEAUTÉS.

BONNES ÉTRENNES

A

LA FRANCE.

IMPRIMERIE DE SÉTIER,
Cour des Fontaines, n. 7.

BONNES ÉTRENNES

A

LA FRANCE,

GRAND

CHANGEMENT DE DOMICILE

DES

MINISTRES.

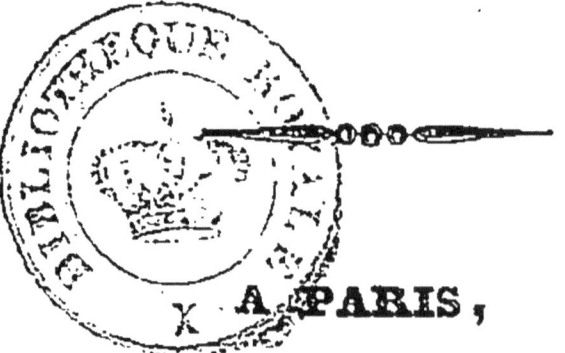

A PARIS,

LES MARCHANDS DE NOUVEAUTÉS.

—

1826.

DOLÉANCES

D'UN AMI

MINISTÈRE TOMBÉ.

Air : *La garde royale est là.*

Les provocateurs des haines
Sont déchus de leur pouvoir,
Ah ! quelles bonnes étrennes
La France va recevoir :
Puisqu'aujourd'hui rien n'écarte
Du trône la vérité,
Avec le Roi, de la Charte
Que le nom soit exalté,
  C'est admis,
  C'est permis ;
Elle n'a plus d'ennemis.

Air : *Va-t-en voir s'ils viennent.*

Ils ont succombé : comment
   Malgré leur courage !
Ils se flattaient fièrement
   D'affronter l'orage !
Va-t-en voir s'ils viennent,
     Jean ;
Va-t-en voir s'ils viennent.

Ah ! plutôt de le flétrir,
   Admirez son zèle ;
Ministre il voulait mourir,
   Joseph de V. . . èle.
Va-t-en voir, etc.

Pour la loi d'indemnité,
   Tout le monde en France
Sentit son cœur transporté
   De reconnaissance.
Va-t-en voir, etc.

Ce ministre citoyen,
   Dans une campagne,
Oh ! comme il arrangea bien
   L'affaire d'Espagne,
Va-t-en voir, etc.

Lui seul des Grecs égorgés
   Servit bien la cause ;
C'est par lui qu'ils sont vengés :
   Vous savez la chose.
Va-t-en voir, etc.

Du texte dans les débats
   Par fois on s'écarte,
Mais, ne vous y trompez pas,
   Il aimait la Charte.
Va-t-en voir, etc.

Ce ministre tout puissant
 Est donc dans la *blouze?*
Le Héros du *trois pour cent*
 Retourne à Toulouse.
Va-t-en voir, etc.

Que pour faire l'orateur,
 P. . . . net se lève ;
Thémis à ce fier bréteur
 Remettra son glaive.
Va-t-en voir, etc.

Il parle si joliment !
 Mais ce qui me damne,
C'est que son raisonnement
 Sent le coq-à-l'âne.
Va-t-en voir, etc.

Des maux qu'il craint aujourd,hui,
 Il voyait le terme ;
La magistrature en lui
 Eut un appui ferme,
Va-t-en voir, etc.

Il nous prouva tour-à-tour,
 Par son *droit d'ainesse*,
Et sa douce *loi d'amour*
 Toute sa tendresse.
Va-t-en voir, etc.

On se plait à raconter
 Jusque sous le chaume,
Comme il fit exécuter
 Les lois du royaume.
Va-t-en voir, etc.

Dans ses faits il s'est complu ;
   Fit-il bien ? sans doute,
Si pour être réélu
   Il prit cette route.
Va-t-en voir, etc.

Les Bretons sont en souci
   De leur *maître Pierre* ;
Celui qu'on nommait ici
   Monseigneur C... ère.
Va-t-en voir, etc.

Comme il protégeait les arts
   Et *l'agriculture*,
Chacun plaint de toutes parts,
   Sa triste aventure.
Va-t-en voir, etc.

Le commerce allait s'ouvrir,
  Il en vit les suites,
Et crut le faire fleurir
  Avec des Jésuites.
Va-t-en voir, etc.

Aimant la publicité,
  Par lui la censure
Donnait à la liberté
  Sa juste mesure
Va-t-en voir, etc.

Redoutant le'lan subtil
  De la France active,
L'agriculture, dit-il,
  Est trop productive.
Va-t-en voir, etc.

Si le pouvoir l'a quitté,
   Voici ce qu'on pense :
Il fallait à sa santé
   Le sol de Provence.
Va-t-en voir, etc.

Les *trois*, par un seul moyen
   Calmaient leurs alarmes ;
Eux seuls sentaient tout le bien
   D'avoir des gendarmes.
Va-t-en voir s'ils viennent,
   Jean,
Va-t-en voir s'ils viennent.

Air : *Hier, j'ons fait la noce.*

Trompant le vœu sincère
De nos Princes tant chéris,
Tel fut ce ministère
Qui du pain haussa le prix ;
Si du pouvoir dans l'ivresse
Lui seul il s'applaudissait,
Le pauvre dans sa détresse
Le maudissait.

Air du Sabre.

Ceux qui prenant des Louvois pour mo-
[dèles,
Voulaient aussi dominer par l'effroi;
Ils sont tombés tombés ces hommes in-
[fidèles
A leurs sermens, à la patrie, au roi,
Croyaient-ils donc en opprimant la
[France,
A son courroux pouvoir se dérober?
Quand leurs suppôts la tenaient en souf-
(france,
C'est à sa voix qu'ils viennent de tomber.

Air : *Ah, le bel oiseau, maman.*

Eux seuls ont obscurci l'air :
Et l'orage
Est leur ouvrage;
Eux seuls ont obscurci l'air;
Ils ont vu briller l'éclair!

Si les amis d'Ibrahim
Partageaient son insolence,
Les foudres de Navarin
Atteignent leur excellence.
Eux seuls ont obscurci l'air ;
 Et l'orage
  Est leur ouvrage :
Eux seuls ont obscurci l'air ;
Ils ont vu briller l'éclair !

Air : *Chantons l'honneur français.*

En vain Thémis maintenait sa balance,
Nous le disons d'une commune voix :
On prétendait nous réduire au silence,
Avec l'espoir de nous ravir nos droits,
On prétendait, mais on perdait la carte,
 Faire vivre un enfant *mort-né*,
On prétendait détruire enfin la Charte
 D'un sage couronné. (*bis.*)

Air : *En revenant de Bâle en Suisse.*

Les vœux de la France en alarmes,
De ses enfans sont entendus ;
Ils accourent sécher ses larmes ;
Elle bénira leurs vertus :
   Le patriotisme
   Se montre aujourd'hui,
   Et le jésuitisme
   Perd tout son appui.

Air *du vaudeville de madame Scarron.*

Toujours le dol et la fraude
Ont révolté les Français ;
Mais leur alarme fut chaude :
Montrouge eut tant de succès !
Déjà remplis d'espérance,
Les successeurs de Guignard,
Sur le sein de la France,
Dirigeaient leur poignard.
   Mais la loi,

Mais la foi
Eclairée et sage
De nos électeurs,
Osant braver les corrupteurs,
Démasquant
L'intrigant
M'offrent le présage
Du commun bonheur.
A leur courage gloire, honneur !

Air : *Do, do,* etc.

Astre des Français, tu reluis
Lorsque la sottise en délire,
Dans la plus obscure des nuits
Veut plonger tout ce qui sait lire :
A la science mettre un frein
Est son refrain ;
Mais.... ah ! quel train !
Fi, fi,
Finissez,
O vous que la sottise inspire ;

Fi, fi,
Finissez,
La France parle c'est assez.

Air : *La plus belle promenade.*

Par l'allégresse émanée
De tous les cœurs généreux
La France en cette journée
Ne verra que des heureux.
Du coup frappée et saisie,
Sans avoir pu le parer,
La honteuse hypocrisie
N'osera plus se montrer.

Air : *du Verre.*

L'esprit devait retrograder
Vers l'heureux tems des *Dragonades*,
On peut-être bien remonter
Jusqu'au grand siècle des *Croisades* !
Que l'ignorantin confondu,
Révolte en pleurant vers le Tybre,
La voix du temple a répondu :
La France veut la Presse libre.

Air : *Gai, gai, mon officier.*

   Bon, bon,
Français, chantons :
Nous pourrons lire,
Et nous saurons écrire ;
   Bon, bon,
Français chantons :
L'instruction est le plus beau des dons.
   Par un beau matin,
Si l'ignorantin
Devient orateur,
Ou législateur,
En perdant nos lois,
En perdant nos droits.
Plus d'égalité,
Plus de liberté :
   Non, non.
Français, chantons :
Nous pourrons lire,
Et nous saurons écrire.
   Bon, bon,

Français, chantons :
L'instruction est le plus beau des dons.

Air : *Peuple d'amis, peuple de frères.*

Brave garde nationale,
Qu'anime un commun sentiment,
Vainement la ligue infernale
Approuva ton licenciement.
Le *trio* faisant la culbute,
Un prince aussi juste qu'humain,
Pour te relever de ta chute,
Te tendra son auguste main.

Air des pendus.

Mais que deviendra ce *trio*,
Se voyant réduit à zéro ?
Je vous le dis avec franchise,
Français, il faut.... qu'on le méprise,
Puisque pour s'opposer au bien,
Alors il ne pourra plus rien.

Air de la catacoua.

Des Midas, sans pudeur, sans honte,
Pour mettre l'esprit au cercueil,
Voulant, dans une fuite prompte,
Entraîner les muses en deuil,
Au vil échappé des galères
Enchaînant un fils d'Appollon,
 Ils disaient bon,
 Son Hélicon
 Et son vallon
Donnent au bagne un nom.
Nous traitons les hommes en frères ;
Ah ! doivent-ils s'en plaindre ? Non.

Air : *Le cor retentit dans les bois.*

Les cagots seront confondus,
En vain ils parlaient de morale :
On respectera les vertus,
Seul trésor de l'ame loyale ;
Et laissant les morts en repos,
Un triumvirat sans entrailles,
Ne fera plus, par ses suppôts,
Troubler de nobles funérailles.

Air du Curé de Pomponne.

Pour éteindre tous les flambeaux,
S'ils proscrivaient le sage ;
Si la Charte mise en lambeaux,
Atteste leur passage ;
Si la violation des lois
Aiguisa leur caprice,
Comme ils tenaient à leurs emplois,
Les perdre, ah ! quel supplice !

Air : Bon voyage, M. Dumollet

Bon voyage, Messieurs les Agens,
De *Mont-Rouge* et de la Sottise ;
Bon voyage, Messieurs les Agens...
Et devenez honnêtes gens.
Trop long-temps usant de feintise,
Pour tromper votre souverain,
Vous abusiez de sa franchise,
Mais au mal le temps met un frein.
   Bon voyage, Messieurs les Agens,
De Mont-Rouge, et de la Sottise ;
Bon voyage, Messieurs les Agens...
Et devenez honnêtes gens.

Air : Allez-vous en, gens de la noce.

Et vous, Messieurs de la censure,
Puisqu'on n'a plus besoin de vous,
Que l'on vous paye, avec usure,
Le bien que vous avez fait tous :
   Qu'on vous nomme à l'académie
   Pour mettre Apollon au.....
   Qu'on vous appelle à la ......,
Nous ne ferons point de *cancan*.
Et vous, messieurs de la censure,
Puisqu'on n'a plus besoin de vous,
Que l'on vous paie avec usure
Le bien que vous avez fait pour tous.

Air des Fraises

Je vous vois, défenseur nés
D'un systême effroyable ;
A l'opprobre condamnés,
Et par la France donnés
    Au Diable,
    Au Diable,
    Au Diable.

Air : *Je loge au quatrième étage.*

Quand sur le papier sans contrinte
L'homme, peut épancher son cœur,
Et que le libraire sans crainte
Vend le produit de son auteur,
Si les bonnes mœurs, la décence
Se respectent dans les écrits,
De la liberté, sans licence,
C'est alors qu'on sent tout le prix.

Air : *C'est un Enfant.*

Les nouveaux élus de la France
Au maintien des lois veilleront ;
Des fils d'Ignace l'espérance
Ne brillera plus sur le front ;
 Leurs sombres intrigues
 Leurs funestes brigues
Chercheraient anvain aujourd'hui
 Un grand appui. (*bis.*)

Air : *Allons, prenons courage.*

Des libertés publiques,
O constans défenseurs,
Appui de nos suppliques
Contre les oppresseurs ;
Auguste aréopage !
Illustres députés !!!
Objets de notre hommage
Vos noms seront cités !!!

Air : *R'li, R'lan.*

Ivre de joie à la nouvelle
Qui rassure nos libertés,
Quelle occasion fut plus belle
Pour porter de chères santés ?
Le front rayonnant de lumière,
Apollon me dit en chantant,
   R'li, r'lan :
Porte à la France la première,
   R'lan tan plan,
Tambour battant.

Air *De la Sentinelle.*

Que la gaîté dans nos cœurs trouve accès,
Chantons encor l'occasion est belle ;
La liberté qu'adorent les Français,
Pour eux veille et fait sentinelle :
Elle a pour frapper les Titans,
Un grand moyen que le sot fronde,
L'opinion que de tout temps :   (*bis*)
On nomma la reine du monde,
  La reine du monde.

Air : *Je suis Français mon pays avant tout.*

De ton succès, auguste France,
Garde long-temps le souvenir ;
Le ciel comble ton espérance,
Il t'offre un heureux avenir :
Tes ennemis déchus de leur puissance,
Ne feront plus immoler tes enfans,
En confondant le crime et l'innocence,
Pour effeuiller tes lauriers triomphans !

Tes lauriers,
Tes lauriers triomphans !
Tes lauriers
Tes lauriers triomphans !

Air : *Voilà la manière de vivre cent ans.*

Les visirs qui régnent
Par des coups d'Etat,
De la foudre craignent
Toujours un éclat :
Mais le vrai Français,
Digne enfant d'un peuple de braves
Quand un beau succès
Vient briser d'ignobles entraves .
S'il voit dans la fange
Tomber ls méchant,
Sa gaîté le venge
Par un joyeux chant.

On trouve chez tous les Libraires

ÉPITRE A CONTRAFATTO

Ornée de son Portrait.

Brochure in-8°. Prix : *un franc*

www.ingramcontent.com/pod-product-compliance
Lightning Source LLC
Chambersburg PA
CBHW060554050426
42451CB00011B/1897